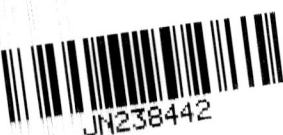

フタさえあれば!
すごくおいしい

フライパンで簡単蒸し料理

浜内千波

日本文芸社

まえがきにかえて

料理作りは時代とともに変わるもの、と私は思っています。
時の流れにつれて、使う素材が改良されて質が変化し、同時に料理を作って食べる私たちの生活スタイルそのものも変わってきているからです。

「大根と豚肉の煮物」に使う大根を例にとってみましょうか。
輪切りにした大根の皮を厚くむき、煮崩れないように面取りをしたら、白さを保つために米の研ぎ汁で下ゆでをする。大根を下ごしらえするこの方法は長い年月をかけて培われ、伝えられてきたものです。たしかに、きれいにやわらかくおいしく煮上がります。私自身もこの調理法をよしとして、以前は時間をかけて作ってきました。しかし、大根を下ごしらえするだけで30分は必要で、料理が完成するまでには1時間近くかかってしまいます。時間に余裕のあるときは、このレシピで何も問題はありません。でも、忙しい仕事の合間をぬって作ろうとすると、なかなか容易ではありません。さぁ作ろうという気もおきません。作りたいのに作れないというのは、とても残念です。

時間がなくてもおいしく作れるレシピができないか、いろいろと考えました。そうして行き着いたのが、フタのもつ力をフルに活用した方法でした。フタとフライパンを利用することにより、下ごしらえをしなくてもおいしく作れるように工夫できました。簡単で短時間に、栄養も保ててヘルシーに、そしておいしい、忙しいときでも作れる現代的な料理に変えることができました。
いまでは、フタを駆使した調理法が一番よいものである、と私は確信しています。

フタさえあれば、炒め、焼く、煮る、蒸すという幅広い調理法を駆使して、より楽に、より満足のいく料理を作ることができます。本書をご覧になったことをきっかけに、みなさんがフタを活用していろいろな料理にチャレンジしてくださったら、私にとってこれに勝る喜びはありません。

浜内千波

目　次

3章 香ばしい蒸し焼き

4章 中までしっかり直《じか》蒸し

5章 こんなときにもフタの力

本書の表記について

■レシピに出てくる分量は、1カップ＝200ml、大さじ1＝15ml、小さじ1＝5mlです。1ml＝1ccです。
■使用したフライパンは、多層ステンレス製、鋳物ホウロウ製、鋳物製、フッソ樹脂加工製などです。
使用するフライパンにより、加熱時間が変わることがあります。
■火力は、炎の強弱で表記してあります。中火弱は弱火と中火の中間、中火強は中火と強火の中間の火力を表します。

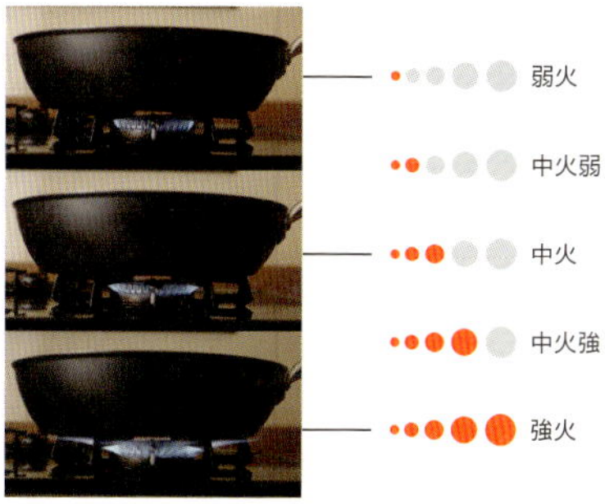

序章

フライパンに
フタを組み合わせたら…

鍋にフタはつきもの。
少しも不思議なことはありませんね。
では、フライパンにフタはいかがでしょう。
意識して２つを組み合わせて使っている方って
まだまだ少ないのではありませんか。
この組み合わせ、とっても便利なのです。
お鍋以上かもしれませんよ。
素材によって加える水の分量を変える目安など
具体的に例を挙げてわかりやすく解説してあります。
従来からの方法とフタを用いた方法の
二通りの肉じゃがのレシピもご紹介しましたので
ご興味のある方は、作りくらべ
食べくらべをしてみてはいかがでしょう。

フライパンとフタの選び方

フライパンの選び方

フライパンは、海外ブランドなども含め数多く出回っています。しかし、鍋と違って種類はそれほど多くありませんので、選びやすいと思います。

材質は、鉄、鋳物、銅、アルミニウム、ステンレス、チタンなどがあります。鋳鉄製やプロ用の銅製は、熱のあたりはやさしくてよいのですが重すぎます。チタン製は軽くて熱効率がよいのですが、高価すぎて家庭向きではありません。

現在、一番普及しているのは、アルミニウムとステンレスを張り合わせた多層構造の製品です。ただし、多層構造と表示されていても、フライパン全体を指すのか底面だけなのかを確認してください。全体が多層構造のもののほうが価格は高いのですが、耐久性と熱効率は優れています。IH対応かどうかも確認しましょう。

表面にフッ素樹脂加工がされたフライパンは焦げつくことが少なく、使い勝手がよいものです。余分な油を使わずに調理できますので、カロリーを低く抑えたいときにはとても有効です。ただし、金属製のフライ返しなどを使うと、表面の加工がはがれてしまいますので注意が必要です。

耐熱性に優れ、熱効率のよいセラミック加工もありますが、これも樹脂加工製と同様、金属製のフライ返しには要注意です。

フライパンを選ぶ際のポイントとして、①熱伝導に優れていること、②保温性がよいこと、③手入れがしやすいこと、④丈夫なこと、⑤料理を作りやすいことなどが挙げられます。先ほど挙げた多層構造でフッ素樹脂加工されたフライパンであれば、まず条件はクリアしていると思います。むしろ、サイズ（内径と底面の大きさ）、深さと側面の丸み、底の厚みなどのほうが、実際に使ったときに気になるのではないかと思います。

1▶サイズは内径で表示されています。2人用なら直径24cm、4人用なら26cmを選ぶとよいでしょう。小さいサイズの場合、IH調理器では問題ありませんが、ガスの場合、火力の調節がむずかしくなります。メーカーにより底面の大きさが違いますので、注意してください。

2▶深さはサイズの大小によっても異なりますが、4cmくらいから7cmくらいまであります。深くて縁が高いと、フライ返しが使いにくい場合がありますので、側面の丸み具合もチェックしましょう。

3▶底の厚みは、熱効率に大きく関係します。2mmくらいから厚いもので6mmくらいあります。材質やこげつき防止用の底に凹凸をつけた加工なども選ぶポイントに。

4▶また、柄が取り外せるハンドル着脱式のフライパンは、収納に場所をとらず、でき上がった料理をそのまま食卓に並べられるので便利です。

フタの選び方

フライパンの上にかぶせるフタ（カバー）は、できれば密着性のよい製品を使いましょう。単体のフタも種類豊富に製品化されています。単体のものの場合、透明な強化ガラス製でフライパンの複数のサイズに対応できるように設計され、枠はフッ素樹脂加工製という仕様が多いようです。ただし、強化ガラス製の場合、フライパンとサイズが合わないと温度が高くなって破損につながることがあるので、取り扱いに注意してください。

先ほど、フライパンのところで24cmか26cmをお勧めしましたが、このサイズと同じ鍋を持っていれば、そのフタを使うことも可能です。

蒸す調理の場合、フタの密着性がよくないと蒸し加減に影響しますが、蒸し炒めや蒸し焼きの場合は鍋のフタを代用してもかまいませんし、アルミホイルでおおっても十分使えます。いろいろと工夫してください。

フタさえあれば、

フライパンといっしょに、フタを使っていますか。
フタの力ってすごいですから、使わなかったらもったいない。
ポンとのせるだけで、素材のおいしさを引き出してくれますし、
調理時間が短くてすみ、素材のもつ栄養価も保てます。
しかも、料理をきれいにおいしく作れます。
フタの力を知り、しっかりと使いこなしてください。

5つのメリット。

1 素材を生かす

料理をおいしく作るコツ、その1は、食材の持ち味を上手に生かすこと。フタをするだけで、それぞれの素材のもつうまみを外に逃さずに調理できるため、素材そのものの味を楽しむことができます。

2 手早く作れる

フタをして調理すると、格段に調理時間を短縮できます。それは、フライパンの中に熱せられた蒸気がこもって熱効率がよくなり、加熱時間が短縮できるから。フタの力ってすごいでしょう。

3 減塩

生活習慣病の予防のためにも、塩分や油脂のとりすぎは禁物。フタをして調理すると、素材のうまみを生かせるため、味つけを濃くしなくてもおいしく作れ、調味料の使用量を減らせます。

4 煮崩れしにくい

見た目のよさも、料理作りのたいせつなポイント。フタをすると、素材そのものの水分を使えるため、あまり水がいりません。また、加熱時間が短くて済むので、煮崩れずきれいに仕上げることができます。

5 栄養バランス

栄養成分は、熱にとても敏感です。加熱すると、消えてしまうものも少なくありません。フタを上手に使うと、おいしく、そして栄養成分のバランスが保たれた料理が作れます。

フタさえあれば、

厚く切った大根、ごろごろに切ったじゃがいも、
形の不ぞろいなブロッコリー、
切り身の魚や大きなかたまりの肉など…。
それぞれ素材の大きさを切りそろえれば
フタを使ってわずかな水分で蒸すことができます。

少しの水で加熱できる

大きく切った野菜を蒸せます

例えば、

半月の厚い
皮つき大根

大きく切った
輪切りにんじん

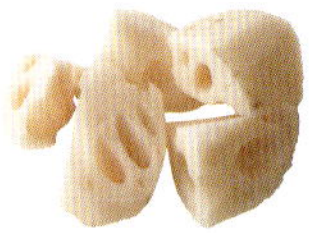

乱切りの
れんこん

ひと口大の
里いも

形の不ぞろいな
ブロッコリー

大きく切った
皮つきのかぼちゃ

大きい
魚の切り身

4 種の根菜を
いっしょに蒸してみました。

使った根菜

大根 ——— 厚さ 2.5cm の半月切り
にんじん — 厚さ 1.5cm の輪切り
れんこん — 乱切り
里いも ——— ひと口大に切る

1 切った野菜をフライパンの中に平らにして入れます。

中火弱

2 水大さじ 1 をふりかけ、フタをして中火弱で約 30 分蒸しました。

3 竹串がスーッと刺さるくらいに、やわらかく蒸すことができました。

フタさえあれば、

水分の多いトマトはもちろん、キャベツや
ほうれん草などの葉菜も、水なしで火を通せます。
前ページで時間のかかった根菜も細かく刻めば大丈夫。
フタをすれば、素材そのものがもつ水分が
熱い蒸気になって加熱してくれるからです。

水がなくても加熱できる

葉菜や小さく切った野菜を蒸せます

例えば、

生食もできる
キャベツ

火の通りのよい
ほうれん草

火の通りのよい
きのこ類

水分の多い
もやし

刻んだ
にんじん

薄切りにした
肉類

水分が多く、生で
食べられるトマト

5 種の野菜を
いっしょに蒸してみました。

使った野菜

キャベツ —— 手でちぎる
ほうれん草 — 根元から 2 つに切る
しめじ ——— 石づきを切ってほぐす
にんじん —— 細く切る
もやし

中火

1 フライパンに切った野菜を、高さをならして入れます。

2 フタをして中火で 6 ～ 7 分蒸します。途中で、全体を返しましょう。

低カロリーでヘルシー

油のいらない
蒸し炒め

炒めるとは、油を使って加熱調理すること。
油が温度を高く保つため、素早く素材に火を通せます。
でも、油を使わなくても調理ができれば、
軽やかでしかも低カロリーの料理が作れます。

25
ページから

45
ページから

うまみも栄養もたっぷり

煮込まない
蒸し煮

煮物は水分がなくても、蒸気があれば作れます。
素材そのもののもつ水分を蒸気に変える、
それが、密封性の高いフタのもつ底力。
うまみも栄養もある煮物ができます。

67
ページから

ふっくらジューシー
香ばしい
蒸し焼き

素材を焼くと、香ばしさが加わっておいしさもひとしお。
手近にあるフタをちょっとかぶせてみてください。
アルミホイルでも大丈夫。中にこもった熱がはたらいて、
ふっくらとして香ばしい蒸し焼き料理の完成です。

85
ページから

大きな素材も丸ごと

中までしっかり

直《じか》蒸し

せいろがなくても、蒸しものは家庭で簡単に作れます。
フライパンとフタさえあれば、大丈夫。ふきんもいりません。
酒蒸しのような本格派はもちろん、大きな肉のかたまりの
蒸し肉も、ふっくらとやわらかくできます。

家庭料理の定番中の定番
「肉じゃが」を、「フタ蒸し」の方法と
「従来の調理」の方法の２通りで
作って比較してみました。

「肉じゃが」で比較

どちらもまったく
同じ分量を使用

材料(２～３人分)
豚薄切り肉 ―――― 100g
玉ねぎ(くし形切り) ― 160g
にんじん(乱切り) ―― 60g
じゃがいも(乱切り) ― 450g

もちろん、どちらも
おいしくできましたが、
味わいにはびっくりするほどの差が。
どちらの味がお好みでしょうか。

「フタ蒸し」

調味料
しょうゆ ― 大さじ２と2/3
酒 ―――― 大さじ２
砂糖 ――― 大さじ１

使用する水分量
調味料の
水分だけ

使用する水分量
470ml
材料がひたひたになるくらいの水が必要です。

調味料
水 ―――― ２カップ
しょうゆ ― 大さじ２と2/3
酒 ―――― 大さじ２
砂糖 ――― 大さじ１

「従来の調理」

火の通りにくい大ぶりのじゃがいもとにんじんを下にして、ここで材料を全部入れてしまいます。

1 豚肉は火から下ろした熱湯の中に入れ、箸でほぐしてアクと余分な脂分を取り除く。

2 豚肉の色が変わるくらいのところで、取り出して水気をきる。

3 フライパンににんじん、じゃがいも、玉ねぎの順で入れ、**2**の豚肉を広げてのせる。

肉を熱湯で洗っておくと、途中でアクが出ないのですっきりとした味に。

かならず火から下ろしてから肉を入れること。火を通してしまってはいけません。

全体に少し火が通ったかな、という程度です。

1 サラダ油大さじ1（分量外）を熱して豚肉を入れ、ほぐしながら中火で炒める。

2 にんじん、じゃがいも、玉ねぎを加えてざっと炒める。

3 水を注ぐ。

はじめに、肉を炒めます。赤いところが少々残るくらいでいいですよ。

用意した水を一気に加えてください。

ここで、フタをして蒸し煮にします。
フタをするのを忘れないでくださいね。

4 調味料を回し入れる。

調味料も全部入れてください。
全体にかかるようにします。

5 加熱する前の状態。フライパンの底に水分がほとんどない。

加える水分は、調味料の酒としょうゆの分のみ。
水はまったく加えませんが、心配は無用です。

6 フタをして、中火弱で 15 分加熱する。

4 水に材料がひたひたにつかった状態で加熱する。

煮立つまでは、火力は中火強にしてください。

5 浮いてきたアクを取り除く。

表面に浮いたアクは、お玉できれいに取りましょう。
アクを取ったら、中火に弱めます。

ここで調味料を加えて味を調えます。

6 砂糖、酒、しょうゆを加えてさらに煮る。

加熱時間はたったの17分。
まさに「フタ蒸し」の力です。

7 途中で2回ほど、フタをあけて素早く全体を返し、再度フタをして蒸し煮を続ける。

8 材料に火が通り、調味料がよくからまり、色がついたらでき上がり。

水分が少ないので、調味料が材料に均一にからむように手早く混ぜます。

加熱時間
17
分

・フライパンの底に汁気がほとんどない
・煮くずれしにくい
・素材の味がする
・調味料の風味が香る

・汁気がある
・煮くずれがち
・まろやかな味わい
・味がひとつにまとまる

加熱時間
25
分

7 中火弱で煮て、材料に味を含めていく。

8 材料がやわらかくなり、味がしみたらでき上がり。

水分を加えて材料を全部いっしょに煮るため、じゃがいもと玉ねぎが煮くずれがちです。

煮ている間もアクが出てきますので、その都度こまめに取り除きましょう。

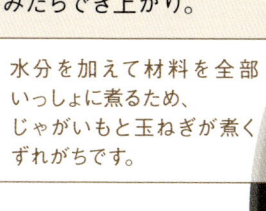

1章

低カロリーでヘルシー

油のいらない 蒸し炒め

パパッと手軽に料理を作りたいときって
けっこうありますよね。
と同時に、常にきちんとした食事を
心がける気持ちもたいせつにしたいもの。
そんなときに重宝するのが
フライパンにフタを使った炒めワザ。
調味料を加えたら、火が入るまでに2、3回
全体を大きく混ぜ合わせるだけ。
しかも、油をまったく使わない料理をご紹介。
シンプル＆ヘルシーな炒め物を召し上がれ！

15分 菜の花の蒸し炒め

春うららかな芽吹きを感じさせてくれる素材たち。
新緑に黄色いつぼみをつけた菜の花のほろ苦さが、
ごはんやお酒にぴったりです。

材料（2人分）

菜の花	1束
ゆでたけのこ	100g
長ねぎ	5cm
あさり（砂出ししたもの）	1/2パック（120g）
しょうゆ	小さじ1

菜の花の軸と花は
加熱時間に差をつけます。

1 菜の花は水で洗って半分に切る。たけのこはくし形切りに、長ねぎは細切りにする。

2 あさりは水の中で殻をこすり合わせて洗う。

3 フライパンにたけのこと菜の花の軸の部分を入れ、フタをして中火弱で2分加熱する。

4 あさりと菜の花を入れてざっと混ぜ、フタをして殻が開くまで蒸し炒めにする。

5 ねぎを加え、途中で2～3回かき混ぜる。しょうゆを回しかけて混ぜる。

20分

白菜とベーコンの炒め物

炒め物に水っぽさは厳禁！
おいしさが半減してしまいます。
ほんのちょっと工夫するだけで
シャキシャキとしたおいしい炒め物が作れます。

材料（2 人分）
白菜 ——— 600g
片栗粉 —— 大さじ 1
ベーコン —— 2 枚
塩 ——— 小さじ 1 弱
コショウ —— 適量

1 白菜の葉元は幅 2cm の棒状に、葉先は幅 5cm に切る。ベーコンは幅 2cm に切る。

片栗粉をまぶすと、白菜から水分が出にくくなります。

2 白菜に片栗粉を加え、手で和えて全体にまぶす。

3 ベーコンをフライパンに敷き、白菜をのせる。フタをして中火弱で 10 ～ 12 分蒸す。

4 途中で 2 ～ 3 回、フタをあけて全体を返して炒め、フタをしてさらに加熱する。

中火

5 白菜に火が通ったら、中火にして、塩、コショウをふって味を調える。

25分

じゃがいもと牛肉の蒸し炒め

材料はじゃがいもと牛肉の2つだけ！
かくし味の砂糖で牛肉をやわらかくするのがミソ。
じゃがいもは少し太めに切ってワイルドな気分に。

材料(2人分)

牛こま切れ肉	100g
・砂糖	小さじ1
・塩	適量
・コショウ	適量
・酒	小さじ1
じゃがいも	3個(470g)
しょうゆ	大さじ1と1/2
酒	大さじ1
ごま	小さじ1
七味とうがらし	お好みで

1 牛こま切れ肉はボウルに入れ、砂糖、塩、コショウ、酒小さじ1を加えて下味をつける。

2 じゃがいもを洗い、皮つきのまま1cm角の棒状に切る。水で表面のでんぷんを洗う。

3 水気をきってフライパンに入れ、フタをして弱火で15分ほど加熱。

下味をつけた牛肉のこま切れは焦げやすいので、いったん火を止め、それから加熱するようにします。

4 途中で返しながら、7割くらい火が通ったところで、いったん火を止める。

5 1の牛肉を中央に入れ、酒大さじ1としょうゆで味をつける。

6 フタをして残り3割を中火で蒸し炒めにする。ごまと七味とうがらしをふりかける。

15分

チーズ風味の豚肉、きのこ、玉ねぎの炒め

素材の水分と調味料のみ。しかも、
油をまったく使わないのでとても健康的です。

1 豚ロース肉を少し大きめに斜めに切り、砂糖、塩、酒でよくもむ。

● 下味をきちんとつけてから調理すると、味にムラができず、均一な味に仕上げられます。

2 エリンギはひと口大に、玉ねぎも同じくらいの大きさに切り、塩小さじ1/3強をまぶす。

3 フライパンに1の豚肉を並べ、その上にエリンギと玉ねぎを重ねておく。

4 フタをして、中火弱で5分蒸し炒めにする。途中でいくどか全体を混ぜる。

5 野菜に焦げ目がつくくらいになったら、フタを取って中火にし、全体を返して混ぜる。

材料（2 人分）

- 豚ロース肉 —— 1 枚（120g）
  - ・砂糖 —— 小さじ 1/2
  - ・塩 —— 小さじ 1/3
  - ・酒 —— 大さじ 1/2
- エリンギ —— 小 7 本（100g）
- 玉ねぎ —— 1 個
- 塩 —— 小さじ 1/3 強
- 粉チーズ —— 大さじ 1/2

6 器に盛り、
粉チーズをふりかける。

15分

やわらかポークソテー

大きく切ってさわやかな歯ざわりの玉ねぎと豚肉に、
酸味の効いたトマトソースがぴったり。

豚肉にまぶした薄力粉が食感をなめらかにし、ソースのとろみづけにもなります。

材料（2人分）

豚肩ロース肉（しょうが焼き用）―― 4枚

- ・砂糖 ―― 小さじ1
- ・塩 ―― 小さじ1/3弱
- ・コショウ ―― 適量

玉ねぎ ―― 1/2個

薄力粉 ―― 適量

〈ソースの材料〉

- ・トマト（1cm角に切る）―― 1/2個
- ・酒 ―― 大さじ1
- ・みりん ―― 小さじ2
- ・しょうゆ ―― 小さじ2

キャベツ（せん切り）―― お好みで

1 豚肉は砂糖、塩、コショウで下味をつけてよくもむ。

2 玉ねぎを幅約1cmのくし形切りにし、これを芯にして**1**の豚肉で巻く。薄力粉をまぶす。

3 フライパンに**2**を並べ、フタをして中火弱で6分加熱し、フタを取って表面を焼く。

4 トマト、酒、みりん、しょうゆを加えてフタをし、中火弱で熱して肉にからめる。

5 キャベツを敷いた皿の上に、豚肉をソースごと盛る。

15分

玉ねぎとズッキーニの蒸し炒め

玉ねぎとズッキーニの、異なる歯ざわりと
味わいを楽しんでください。春から初夏に出回る
新玉ねぎで作ると、さわやかな甘みが
加わって、よりおいしくできます。

材料（2 人分）
玉ねぎ ―――― 大 1 個（250g）
ズッキーニ ―― 2 本
塩 ―――――― 小さじ 1 強
コショウ ――― 適量
オリーブ油 ―― お好みで

ズッキーニのアクが強くて苦いときは
塩をふってアクを抜いてから使います。

1 玉ねぎは幅 5mm の輪切りに、ズッキーニはたて半分にし、厚さ 5mm に切る。

2 フライパンに玉ねぎを敷き、その上にズッキーニをおおうようにのせる。

3 フタをして中火弱で 8 分ほど蒸し炒めにする。

4 全体を返しながら、フタをして蒸し炒めをしたのち、味を調え、オリーブ油をかける。

30分

韓国風里いもと鶏肉のキムチ炒め

キムチを味つけに用いた里いもと鶏肉の炒め物。
フタをして加熱すると、肉が締まらず、
やわらかい状態においしく火が通ります。

材料(2～4人分)
- 里いも —— 4個
- 鶏もも肉 —— 1枚(300g)
- 塩 —— 小さじ1/2
- キムチ —— 100g

里いもはたんぱく質を分解する成分をもっているため、肉といっしょにもむと肉質をやわらかくできます。

1 里いもは、丸めたアルミホイルでこすって皮を取り、幅1cm弱の輪切りにする。

2 鶏もも肉は皮を下にして大きめのひと口大に切る。

3 1と2をボウルに入れ、塩を加えてよくもんで10分おく。

4 フライパンに**3**を入れ、フタをして中火弱で10分ほど蒸し炒めにする。

5 途中でいくどか全体を返すようにして火を通す。

6 キムチを加え、全体を混ぜ合わせて味を調える。

20分 野菜たっぷり蒸し炒めサラダ

直径 26cm のフライパンいっぱいの野菜も
油を使わずに蒸し炒めにすれば、
びっくりするほどたくさん食べられます。

材料（2～4人分）
豚こま切れ肉 ―― 100g
もやし ―― 1袋
にら ―― 1束
チンゲンサイ ―― 1株
玉ねぎ ―― 1個
トマト ―― 1個
しいたけ ―― 2枚
えのきたけ ―― 1/2株
長ねぎ ―― 1本
ぽん酢（市販品） ― お好みで
ごま ―― お好みで

1 にらは長さ7～8cm に切る。チンゲンサイもにらと同じくらいの大きさに切り、玉ねぎは繊維に沿って細切りにする。トマトとしいたけは薄切りに、えのきたけは石づきを切り落として2つに切る。長ねぎは斜め細切りにする。

2 フライパンに豚こま切れ肉と全部の野菜を入れる。

アルミホイルをフタ代わりにするときは、蒸気がフライパンの外に回らないように縁に沿ってしっかりと折り込むように包みます。

3 アルミホイルもしくはフタをして中火弱で 10 分蒸し炒めにする。

4 フタを取って全体を混ぜ、フタをして中火弱でさらに 5 分ほど加熱して火を通す。

5 フライパンのまま食卓に出し、ごまを加えたぽん酢で食べる。

15分 えびと春雨の蒸し炒め

赤いえびが彩りをそえる春雨と野菜の組み合わせ。
春雨が野菜のうまみと調味料をよく吸い、
味全体にハーモニーを生んでくれます。

水分を吸収する春雨を加えると、でき上がりが水っぽくなりません。

材料（2 人分）
殻つきえび ―― 4 尾
・塩 ―― 少々
・砂糖 ―― 小さじ 1
・酒 ―― 小さじ 1
春雨 ―― 50g
キャベツ（手でちぎる）― 400g
もやし ―― 1 袋
にんじん（短冊切り）―― 1/5 本（30g）
しょうゆ ―― 大さじ 2
酒 ―― 大さじ 2

火の通りにくいにんじんとキャベツの軸を底に敷き、その上に残りの野菜をのせます。

1 えびは殻をむき、片栗粉（分量外）でもみ、水洗いして汚れを落とす。

2 塩、砂糖、酒をまぶして下味をつける。

3 野菜を入れ、フタをして弱火で 5 分加熱。水分が出てきたら、中火弱で 2 分蒸し炒め。

4 全体を返し、酒、しょうゆ、春雨を入れ、フタをして中火で 4 ～ 5 分加熱する。

5 材料全体を混ぜてからえびを入れ、フタをして火を通す。

6 えびが赤く変わったら、もう一度全体を混ぜて味を均一にする。

MEYER

2章

うまみも栄養もたっぷり
煮込まない
蒸し煮

「煮物」というと、どんな料理を
あなたはイメージしますか？
きっと水分たっぷりの料理を
思い浮かべるのではありませんか。
でも、フタを活用すれば、水分は少なくても大丈夫。
素材そのものから出る水分だけで十分。
しっかりと調理できます。
しかも、時間も少なくて済みます。
余分な水分が入らないので
材料そのものの味をストレートに味わえます。
素材の持ち味を上手に引き出せたら
もう今日からあなたも料理上手の仲間入り！

20分 シーフードのトマト煮

セロリとオリーブ油を生かした地中海風魚介料理。
トマトの酸味がとてもよい味を出してくれます。

材料（2人分）

殻つきえび	6尾
たら	2切れ
玉ねぎ（薄切り）	1/2個
セロリ（薄切り）	50g
トマト（薄切り）	1個
塩	小さじ2/3強
コショウ	適量
バジル	1枝
オリーブ油	大さじ2

たらに塩気があったら、水に5分ほどつけて塩気を抜いてから調理します。

1 殻つきえびは水で洗って足だけ取り除く。たらはひと口大に切る。

2 フライパンにオリーブ油大さじ1、玉ねぎ、セロリを入れて炒める。

弱火

3 トマト、えび、たら、バジルの茎を入れ、フタをして弱火で 5 分蒸し煮にする。

中火

4 さらに中火で 3 ～ 4 分加熱。塩、コショウで味を調え、バジルをのせ、オリーブ油をふる。

20分

牛肉ロール

3種の野菜を薄切りの牛肉で巻いて蒸し煮にしました。
肉と野菜の味が一つになって、グッドなテイスト。
塩味にしましたが、しょうゆ味でもおいしく作れます。

材料（2～4人分）

牛肩ロース肉（薄切り）	8枚（350g）
・塩	小さじ 1/2 強
・コショウ	適量
アスパラガス	4本
にんじん（5mm 角の棒状）	16～24本
セロリ（5mm 角の棒状）	16～24本
薄力粉	大さじ 1
水	1カップ
ペコロス	8個
塩	少々
コショウ	適量

野菜は3種を組み合わせて使います。牛肉がとても薄ければ、2～3枚重ねて野菜を巻きます。

1 野菜は2～3本ずつを、塩、コショウで下味をつけて薄力粉をまぶした牛肉で巻く。

中火

2 フライパンで**1**の牛肉の表面に焼き色をつけ、ペコロスを加える。

3 水を入れ、フタをして中火で10～13分間蒸し煮にする。

4 、塩、コショウで味を調える。

15分

キャベツとチキンの蒸し煮

キャベツのもつ甘みと干ししいたけの香りが
口いっぱいに広がるヘルシーな鶏料理。

材料（2人分）

鶏もも肉	300 g
・塩	小さじ 1/2
・砂糖	小さじ 1
・酒	小さじ 1
キャベツ	800g
干ししいたけ（水でもどす）	4 枚
水 （干ししいたけのもどし汁を含む）	1カップ
塩	小さじ 1/2
コショウ	適量

1 鶏もも肉は 3cm 角に切り、塩、砂糖、酒で下味をつける。キャベツともどした干ししいたけも同じ大きさに切る。

干ししいたけのもどし汁は、うまみが出ているので捨てずに使います。

中火

2 フライパンで鶏もも肉に焼き色をつけ、キャベツ、干ししいたけ、水を加え、フタをして中火で 10 分蒸し煮にする。
塩、コショウで味を調える。

15分

鶏手羽先の煮物

コラーゲンたっぷりの、冷めてもおいしい手羽先煮。
おかずとしてはもちろん、お酒のつまみにも最高！

1 鶏手羽先は関節から先端を切り離し、骨と骨の間をたてに切り分ける。

材料（2人分）

鶏手羽先	8本（500g）
・塩	小さじ1弱
・コショウ	適量
砂糖	大さじ2
しょうゆ	大さじ2
酒	大さじ2
水	1カップ
万能ねぎ（小口切り）	2～3本
ごま	適量

砂糖を煮溶かすときに、苦くなりすぎないように注意します。

2 フライパンで砂糖を加熱して茶色くなるまで煮溶かす。

中火

3 1を入れ、砂糖をよくからめてから、水を注いで加熱し、アクを取ってからしょうゆと酒を加え、フタをして中火で10 分蒸し煮にする。

4 途中でいくどか返して均等に味をつけ、最後にフタを取って煮汁をからめ、万能ねぎを散らす。器に盛り、ごまをふる。

20分

牛肉のトマト煮込み

ワンディッシュプレートにとてもよく合う。
トマトの水煮缶の水分だけで煮ることができます。

材料(2～3人分)

牛肩ロース肉	600g
・塩	小さじ1
・砂糖	小さじ2
・コショウ	少々
・薄力粉	大さじ1
玉ねぎ(みじん切り)	1/2個
にんじん(みじん切り)	1/4本
セロリ(みじん切り)	1/3本
白ワイン	大さじ3
トマトホール(水煮缶)	1缶
ローリエ	1枚
塩	小さじ1強
コショウ	適量
サラダ油	大さじ1
ごはん(乾燥バジルを混ぜる)	お好みで

1 牛肉はひと口大に切り、塩、砂糖、コショウ、薄力粉をまぶす。

2 フライパンにサラダ油を熱し、野菜を入れてよく炒める。フライパンの中央に**1**の牛肉を入れて焼き色をつける。

中火

3 白ワイン、ローリエ、それにトマトをつぶしながら入れ、フタをして中火で10分ほど蒸し煮にする。塩、コショウで味を調える。

野菜の炒め加減は、食感が少し残るくらいを目安にします。

25分

大根とベーコンの和風煮込み

フライパンで作る、大根の持ち味を
しっかりと引き出したしょうゆ味の煮物。
ベーコンを加熱したときにしみ出した
こくのあるうまみが味の決め手になります。

材料(2〜4人分)

大根	600g
ベーコン	2枚
しょうゆ	大さじ1と1/2
酒	大さじ2
水	大さじ1
粗びきコショウ	適量

加える水は、大さじ1杯のみ。
それだけで、十分足ります。

1 大根はひと口大の乱切りにし、ベーコンは幅5〜6cmのざく切りにする。フライパンに入れ、調味料と水を加える。

中火

2 フタをして中火で10分加熱したら全体を返し、さらにやわらかくなるまで煮汁をからめるように約10分加熱する。

3 粗びきコショウをふる。

25分

白菜と豚ひき肉のトロトロ煮

名わき役のしょうがをたっぷりと効かせた、
白菜とひき肉のシンプルな一皿。
初めて口にしたら、目からうろこが落ちるかも…。

材料（2～4人分）

白菜（せん切り）	600g
豚ひき肉	150g
しょうが（せん切り）	大１かけ
塩	小さじ 1/2
水溶き片栗粉	大さじ１

（片栗粉と水を同量合わせたもの）

1 沸かして火をとめた湯の中に豚ひき肉を入れて手早くほぐし、アクと余分な脂を抜く。ざるにあけて水気をきる。

● 蒸し煮でよく使うテクニックです。詳しくは 21 ページ。

● 途中で混ぜるときに、フタについた水滴はこぼさず、フライパンに戻して使います。

2 フライパンに**1**の豚ひき肉、白菜、しょうがの順に入れ、塩をふる。

中火弱

3 フタをして中火弱で 20 分加熱する。途中で 2 ～ 3 回混ぜ、全体がくたくたになったら、水溶き片栗粉でとろみをつける。

15分

作りおきしたいいちごのソース

いちごの出まわるシーズンにまとめて作りおきすると重宝します。
ヨーグルトなどにかけるソースとしてだけでなく、
料理のかくし味としても使えますので、マイソースとしてぜひストックを。

材料（作りやすい分量）
いちご（半割りにする）— 1パック
レモン汁 ———— 1/2個分
砂糖 ———— 大さじ2

中火

1 フライパンにいちごを入れ、レモン汁と砂糖を加え、フタをして中火で 10 分蒸し煮にする。

2 フタを取り、好みの濃度まで煮つめる。アクが出てきたら、きれいに取り除く。

いちごの形をどのくらい残して煮るかはお好みで。ちなみに、私はいちごを混ぜたときにフライパンの底が見えたらでき上がりとします。

25分

じゃがいもとトマトの蒸し煮

水はまったく必要ありません。
トマトの水分だけでしっかりと火が通ります。

材料(2～4人分)

じゃがいも(厚さ5mmの輪切り)	7個(400g)
トマト(厚さ5mmの輪切り)	2個
玉ねぎ(みじん切り)	1/2個
塩	小さじ1
コショウ	適量
オリーブ油	大さじ1
粉チーズ	適量

1 フライパンに玉ねぎを入れ、じゃがいも、トマトに塩、コショウをしながら順に2段に重ね、玉ねぎを散らす。

水分を出やすくするために、じゃがいもとトマトは交互に重ねます。

2 オリーブ油をかけ、フタをして中火弱で5分、次に中火で15分加熱して火を通す。粉チーズをふりかける。

中火弱　中火

15分

野菜たっぷりキムチ鍋

キムチ入りの鍋物は、味つけの失敗はまず心配無用。
使うキムチが辛みと味の決め手です。

材料(3～4人分)

鶏もも肉(ひと口大に切る)	1枚(300g)
じゃがいも(ひと口大に切る)	2個
玉ねぎ(薄切り)	2個
しいたけ(薄切り)	4枚
キムチ	200g
もやし	1袋
水	1/2カップ
しょうゆ	大さじ2強

1 フライパンに玉ねぎ、じゃがいも、しいたけ、熱湯洗い(21ページ参照)をした鶏肉、キムチ、もやしの順に重ね入れる。

中火

2 水を加え、フタをして中火にかけ、沸いてきたら7～8分蒸し煮にする。

3 全体を混ぜ合わせ、しょうゆで味を調える。

● キムチは味つけも兼ねています。味が足りなかったら、しょうゆで加減します。

3章

ふっくらジューシー
香ばしい
蒸し焼き

こんがりと焼いた素材は、香ばしさが
加わっておいしさが倍増します。
でも、ちょうどよい焼き加減にするのって
簡単そうでむずかしいもの。焦がしてしまった
ことって、あなたにはありませんか。
焦がしてしまってはいけませんね。
そんなときには、手元にあるフタをかぶせて
あげましょう。アルミホイルでも結構です。
熱くなった素材から出た蒸気がフライパンの
中に行きわたり、ちょうどよい焼き加減が
得られます。しかもこもった蒸気のはたらきで
ふっくらと、とってもおいしく作れます。

15分

パプリカのごろごろ蒸し焼き

大きなパプリカを丸ごとドンと蒸し焼きに。
だまされたと思って、でき立てをひと口
食べてみてください。甘みと酸味のバランスのよい
絶妙な味にびっくりすると思います。
冷めてもおいしくいただけます。

材料(作りやすい分量)

- 赤パプリカ —— 4個
- 塩 —— 適量
- コショウ —— 適量
- オリーブ油 —— 大さじ1

1 赤パプリカは割れ目ができるくらいに手で押しつぶす。

中火

2 フライパンに入れ、フタをして中火で5分蒸し焼きにする。

表面全体にこんがりと
焼き色をつけます。
皮が焦げすぎたら
取り除いてください。

3 全体に焼き色がつくように、時々返して７分蒸し焼きに。

4 塩、コショウ、オリーブ油をふりかける。

20分

アスパラガス、ベーコン&目玉焼き

気ぜわしい朝はフライパン一つで
ササッと調理できる組み合わせを心がけましょう。
これに野菜ジュースがつけば、
朝食として栄養のバランスも満点です。

材料(2人分)

アスパラガス	8本
ベーコン	2枚
にんにく	2かけ
卵	1個
塩	適量
コショウ	適量

1 アスパラガスは下のかたいところの皮をむく。

2 にんにくは包丁の腹でつぶし、ベーコンは半分に切る。

フライパンを温めてから
ベーコンとにんにくを入れます。

3 フライパンを熱し、ベーコンとにんにくを入れて中火弱でベーコンをカリカリに焼く。

4 アスパラガスを入れ、ベーコンを上においてフタをし、中火弱のまま蒸し焼きにする。

5 途中で卵を静かに割り入れ、半熟になるまで再びフタをして弱火で７～８分加熱。

6 塩とコショウで味を調える。

20分

かぼちゃのチーズ焼き

「かぼちゃのチーズ焼き」はオーブンがないと作れないのでは、
と思っている方いませんか。そんなあなたに、
オーブンがなくてもおいしく作れるレシピを公開します！
さぁ、フライパンとフタをご用意ください。

材料（2～4人分）
かぼちゃ ―― 1/4個（400g）
塩 ―― 小さじ1/3
粗びきコショウ ― 適量
とろけるチーズ ― 50g

1 かぼちゃは皮をつけたまま、厚さ5mmの薄切りにする。

2 塩をふり、味が均一になるように手でざっくりと和える。

4 アルミホイルでおおい、フタをして中火で12～13分加熱する。

5 竹串を刺して、かぼちゃに火が通ったかどうかを確認。

フタについた水分が料理の上に落ちないように、アルミホイルとフライパンの間はあけてください。

3 アルミホイルを敷いたフライパンに、かぼちゃ、チーズ、粗びきコショウを重ねる。

6 チーズを上にふり、再度フタをして加熱。チーズが溶けたらでき上がり。

25分

絶品！ トリプル塩ハンバーグ

異なるうまみの3つのひき肉に玉ねぎのうまみも
加えた、リッチなテイストのハンバーグです。
つけ合わせの野菜も同じフライパンでいっしょに加熱します。

材料（2 人分）

牛豚合いびき肉 —— 100g
鶏ひき肉 —— 50g
玉ねぎ（粗みじん切り） —— 1/2 個（100g）
塩 —— 小さじ 1/2
コショウ —— 少々
卵 —— 1 個
〈つけ合わせ〉
ブロッコリー（小房にする） —— 1/3 株
にんじん（厚さ 2mm の輪切り） —— 1/3 本

1 ひき肉全部をボウルに入れ、塩、コショウを加えて粘り気が出るまでよく練る。

2 卵を加えてさらによく練り、玉ねぎを加えて混ぜる。2 つに分け、小判形に成形する。

ハンバーグの生地は、まずひき肉をしっかりと練ってから玉ねぎを加えると、食感がとてもよくなります。

3 フライパンを熱し、ハンバーグを並べる。中火強で両面に焼き色をつける。

4 ブロッコリーとにんじんを加え、フタをして中火弱で約 8 分、蒸し焼きにする。

15分

なすと豚肉の重ね焼き

夏の暑い季節に食べたい。
しょうがの風味がさわやかなひと品です。

材料(2 人分)

豚バラ肉(薄切り) —— 200g
なす —— 4 本
しょうが(せん切り) —— 30g
塩 —— 小さじ 1
コショウ —— 適量
万能ねぎ(小口切り) —— 適量

1 豚バラ肉は長さ 10cm くらいに切る。なすは厚さ 7～8mm の斜め切りにする。

2 なすに塩をふって、全体を手で和える。

3 フライパンに豚バラ肉、しょうが、なすの順に 2 回重ね、さいごにしょうがをちらす。

途中でフタを開けると、なすの色が悪くなってしまうので、フタは開けないでください。

4 フタをして、中火弱で 10 分焼く。

5 ひっくり返して器に盛り、コショウをふり、万能ねぎを散らす。

25分

鶏胸肉と長いものハーブチーズ焼き

鶏の胸肉はとかくパサついてしまいがち。
でもここで紹介するように、フタをして弱火で
蒸し焼きにすれば、しっとりとジューシーに
仕上げることができます。

材料（4人分）

長いも	6cm（200g）
鶏胸肉	2枚（500g）
・塩	小さじ1弱
・コショウ	適量
とろけるチーズ	50g
バジル（乾燥）	適量
〈ソースの材料〉	
・酢	1/2カップ
・砂糖	小さじ1

1 長いもはひげ根をあぶり焼き、皮つきのまま厚さ1cm弱の輪切りにする。

2 鶏胸肉は塩、コショウをふって下味をつける。

鶏の胸肉に均一に火を通すため、肉の薄い部分は、つけ合わせなどを座布団のように下に敷いて焼くとパサつくのを防げます。

3 チーズにバジルを混ぜる。

4 熱したフライパンに鶏胸肉を皮目を下にしておき、薄い部分を折って焼き色をつける。

5 空いているところに長いもを敷き、折り曲げたところをかぶせて中火で5分焼く。

6 長いもを返し、鶏胸肉も裏返してのせ、フタをして中火弱で7～8分蒸し焼きにする。

7 手早く皿に盛りつけたのち、**3**を料理全体に広げてふり、フタをして余熱で溶かす。

8 **6**のフライパンに酢と砂糖を入れて煮つめ、**7**にかける。

25分

しいたけの詰め焼き

しいたけ、えび、玉ねぎのおいしさの三重奏。
しいたけにつめたえびと玉ねぎの詰め物が
ふんわりフワフワ。フタ蒸し焼きってすごい！
とてもやさしい味わいを楽しめます。

材料（2人分）

しいたけ	大6枚
玉ねぎ	1/2個
殻つきえび	4尾
卵	1/2個
塩	少々
コショウ	少々
サラダ油	小さじ1

1 しいたけは軸を手でひねり、つけ根からはずす。

2 1の軸は手で割き、みじんに切る。玉ねぎは半量ずつみじん切りと薄切りにする。

3 えびは殻をむき、ごく細かいみじん切りにする。

4 3に調味料ととき卵を加えて練る。2の軸と玉ねぎのみじん切りを加えて混ぜる。

● えびの詰め物をやわらかく加熱するには、はじめにしっかりと練っておきます。

5 4を、片栗粉をまぶしたしいたけの傘の裏に詰める。

6 フライパンに玉ねぎの薄切りを敷いてサラダ油をかける。

7 5を詰め物を上にして、6の玉ねぎの上に並べる。フタをして中火弱で蒸し焼きにする。

8 10分前後加熱して、ふっくらとした状態にする。

35分

スペアリブの塩蒸し焼き

骨つき肉をシンプルな塩味に調理。
骨つき肉のうまみを存分に生かして蒸し焼きにします。
オーブンがなくても香ばしいスペアリブが焼けますので、
ぜひとも料理のレパートリーに加えてください。

材料（2～4人分）

豚スペアリブ	400g
塩	小さじ3/4
トマトケチャップ	大さじ1
コショウ	適量
マスタード	適量

ぬれぶきんの上におくことにより、フライパンの温度が下がりすぎず、また熱くなりすぎずに、肉にしっかりと火が通ります。

1 スペアリブは塩、トマトケチャップ、コショウをよくもみ、15分ほど漬け込む。

2 熱したフライパンにスペアリブを並べて中火で焼き色をつける。

3 2のフライパンをよく絞ったぬれぶきんの上において、温度を少し下げる。

4 再度火にかけ、フタをして中火弱で両面を各 5 分ずつ蒸し焼きにする。

5 フタをとって焼き汁をからめる。マスタードを添えて器に盛る。

4章

大きな素材も丸ごと

中までしっかり
直《じか》蒸し

「蒸し物って面倒くさい」という方
いませんか。ヘルシーなのはわかっていても
せいろを持っていませんから…
なんて言わないでください。
せいろがなくても大丈夫。
フライパンとフタさえあれば十分。
蒸しゆで玉子も、大きな肉のかたまりの
蒸し肉も、どなたにも楽に作れます。
フタの力、蒸気の力って、スゴイでしょう。
あなたも、この感動をぜひ味わってください。
味のよさは、もちろんわたしが保証します。

10分 さけのお酢蒸し

切り身のさけにねぎと酢の風味の組み合わせ。
お酢の酸味がさけ特有のにおいを消してくれます。

フタについた水分が中に入らないように、アルミホイルの縁を高くしてください。

材料（2人分）

生ざけ ――― 2切れ
塩 ――― 小さじ1/3
酢 ――― 大さじ2
長ねぎ ――― 1本
（やわらかい青い部分も使う）

1 生ざけは塩をふり、それぞれを半分に切る。長ねぎは斜めに薄く切る。青い部分はせん切りにする。

2 フライパンにアルミホイルを敷き、皮を上にしてさけを並べ、酢をふりかける。

中火

3 長ねぎを上にのせ、フタをして中火で5分蒸し、最後に1のねぎの青い部分を散らす。

15分 たらと野菜のホイル蒸し

フタつきのフライパンにアルミホイルの合わせワザ。
素材のうまみを逃すことなく、蒸し物も短時間で。
自由に素材を組み合わせてみましょう。

材料（2人分）

たら	2切れ
玉ねぎ（薄切り）	1/2個
しいたけ（薄切り）	2枚
トマト（くし形切り）	1個
塩	小さじ1/2
コショウ	適量

1 たらは塩気があったら5分ほど水につけ、水気をきってひと口大に切る。野菜に塩、コショウをふり、軽く和える。

加熱すると、水分がたくさん出てくるので、アルミホイルの器は3枚重ねてしっかりと作ります。

2 フライパンにアルミホイル3枚を重ねて敷き、野菜のうちの半分をおき、たら、残りの野菜の順に重ね、フタをして中火で7～8分蒸す。

中火

5分

えびの酒蒸し

真っ赤に蒸し上がったえびは食欲満点！
食べるのに夢中になること間違いなし。
会話を中断して、熱いうちにいただきましょう。

材料（2～4人分）

殻つきえび（足を切る）	8尾
酒	大さじ1
塩	少々
レモン	適量

中火

1 殻つきえびはアルミホイルを敷いたフライパンに並べ、酒と塩をふる。フタをして中火ではじめに3分、返して1分蒸す。

2 熱々の状態で皿に盛り、
レモンを添える。

フタについた水分が中に入らないように、アルミホイルの縁を高くします。

30分

やわらかチキン

中国料理の前菜でおなじみの蒸し鶏が、
フタつきフライパンで作れます！
いろいろな風味を工夫してはいかがでしょうか。

材料（2 人分）

鶏胸肉	1 枚（250 g）
砂糖	大さじ 1
塩	小さじ 1/2 弱
酒	大さじ 1
レタス	お好みで

砂糖をもみ込むと、鶏胸肉が
ジューシーに仕上がります。

1 鶏胸肉は砂糖、塩、酒をまぶしてよくもみ、広げたアルミホイルの上におく。肉の端の薄い部分を折り重ねて厚みをならす。

2 アルミホイルで包み、皮のほうが下になるようにして、フライパンの上におく。水 1/2 カップ（分量外）を周りに流し入れる。

中火　中火弱

3 フタをして中火で 2 分蒸したのち、中火弱にして 10 分ほど蒸す。火から下ろし、フタをしたまま 10 分蒸らす。

15分

たいのわかめ蒸し

ホイルを開けたときにフワッとただよう磯の香り。
思わず顔がほころんでしまいます。
さぁ、心和むおいしい食事をはじめましょう。

材料(2人分)

たい(切り身)	2枚
塩蔵わかめ	80g
酒	大さじ2
すだち(またはレモン)	お好みで

1 たいはアルミホイルの上におき、水でさっと洗ったわかめで包むようにして酒をふりかける。

わかめを洗うときは、塩気を抜きすぎないように注意します。

中火

2 香りを逃がさないように、少し空間を作ってアルミホイルの端を折って包み、フライパンの上におく。水 1/2 カップ（分量外）を周りに流し入れ、フタをして中火で 4 分加熱。

中火弱

3 水が沸いてきたら、中火弱にして 6 分蒸して仕上げる。すだちを添える。

8分

野菜のナムル

野菜不足の解消に、ナムルはいかが。
この作り方なら、いつでも作れ、
すぐに食べられます。

材料（2人分）

にんじん（せん切り）	2/3本（100g）
ほうれん草（ざく切り）	1束（200g）
もやし	1/2袋
〈たれの材料〉	
・ごま	大さじ1
・にんにく（すりおろす）	1かけ
・塩	小さじ1/2
・コショウ	少々
・ごま油	大さじ1

1 にんじん、ほうれん草、もやしをフライパンに入れ、フタをして中火で5分蒸す。

中火

2 調味料を混ぜて3つに分けたたれで、それぞれの野菜を和え、器に盛る。

● 野菜が熱いうちに味つけをしないと、味がよくしみません。

20分

蒸しゆで玉子

フライパンでゆで玉子！
たかがゆで玉子。でも、
できたときはちょっと感動もの。

材料（作りやすい分量）
卵 —— 4個

1 フライパンにキッチンペーパー3枚を敷いて水大さじ3（分量外）を注ぎ、間隔をとって卵をおく。

中火弱

2 フタをして中火弱で10分蒸し、火を止めて6分蒸らす。半熟の蒸らし時間は3分。

● ゆで具合は使用する熱源により変わります。

8分

あさりのワイン蒸し

簡単、しかもだれでもおいしく作れます。
食卓にも冷やした白ワインはいかがでしょうか。

材料（2人分）

あさり	1パック
トマト（粗みじん切り）	1/4個
白ワイン	大さじ2

下に敷くアルミホイルの大きさに注意して、フタについた水分が入らないようにすれば、水っぽくなりません。

中火

1 あさりとトマトは縁を高くしたアルミホイルの中に入れ、そのままフライパンにおく。

2 白ワインをふりかけ、フタをして中火で5分を目安に蒸し、殻が開いたらでき上がり。

25分

蒸し豚

カロリーが心配な方におすすめな肉料理。
残ったらほかの料理の具材に使いたい。

材料（4人分）

豚バラ肉	450g
長ねぎ（青い部分を多めに）	2本
しょうが（薄切り）	1かけ
塩	小さじ2/3強
コショウ	少々
ルッコラ	お好みで
からしじょうゆ	お好みで

1 豚バラ肉は塩、コショウをまぶし、長ねぎを敷いたフライパンの上に脂を下にしておき、上にしょうがをおく。

中火　中火弱

2 フタをして中火で5分蒸したのち、中火弱で15分ほど蒸す。竹串を刺して、肉汁がすき通っていたら、火が通っている。

● 火の通し加減は、肉の大きさで随時変えます。

3 常温で冷ましてから、切り分けて器に盛る。

15分

根菜の直蒸し

根菜を蒸しただけでも十分一品になります。
あえて味つけはしていません。

材料（2～4人分）

れんこん（半月切り）―― 150g
にんじん（輪切り）―― 1/2本（100g）
葉つきかぶ ―― 150g
（くし形切り、葉はざく切り）
ごぼう（斜め薄切り）―― 1/2本
水 ―― 大さじ2
〈ドレッシングソース〉
・ゆずコショウ ―― 小さじ1
・マヨネーズ ―― 大さじ3
・ヨーグルト ―― 大さじ2
・塩 ―― 適量
・コショウ ―― 適量

同時に蒸し上がるように、
野菜の大きさを切り分けます。

1 野菜は火の通りにくいにんじんを下にしてフライパンに並べ、水を回しかける。

中火

2 フタをして中火で8分蒸したところでかぶの葉を加え、さらに2分蒸す。塩もしくはドレッシングを添える。

15分 かきとほたて貝の昆布蒸し

うまみをたっぷりと含む貝類に、
さらに昆布のうまみをそえて蒸す。
もうおいしくないはずがありませんね。

材料(2人分)

かき	1パック
ほたて貝	4個
昆布	10cm
酒	大さじ1
塩	少々
ゆず皮(みじん切り)	お好みで

1 かきは片栗粉(分量外)をまぶしてから水で洗って汚れを取る。昆布は水に10分ほどつけてやわらかく戻す。

● フタについた水分が料理に入らないように注意してください。

中火

2 アルミホイルの縁を高くし、中に昆布を敷く。かきとほたて貝に塩と酒をまぶして上におき、フタをして中火で5分蒸す。

3 お好みでゆずの皮を散らす。

20分 いかの丸ごと蒸し

いかめしのごはんの代わりに足といっしょに
玉ねぎとチーズを詰めて蒸しました。
ソースはワインで煮つめたいかのワタ。
いかのおいしさに、きっととりこになってしまいますよ。

材料（作りやすい分量）

するめいか	1パイ（420g）
（いかのワタも使用）	
玉ねぎ（薄切り）	1/2個
とろけるチーズ	60g
塩	小さじ1/2
コショウ	適量
白ワイン	大さじ1
バジル（乾燥）	適量

1 いかはワタを抜き、水できれいに洗って掃除をする。ワタとスミ袋を取りおく。口、目、かたい吸盤を取り除き、足をみじん切りにする。足に玉ねぎ、チーズを混ぜ、塩、コショウで味をつける。

● 足についているかたく大きな吸盤は味を損なうので、手でしごいて取り除きます。

2 胴の中に詰め、上面に幅2cmほどの切り目を入れる。

3 アルミホイルを敷いたフライパンにおき、白ワインをふりかける。フタをして中火弱で10分を目安に蒸す。

中火弱

● 溶けたチーズが焦げつかないようにアルミホイルを敷きます。

4 いかのワタを炒め、**3**の蒸し汁を加えて煮つめ、塩、コショウ、乾燥バジルで味を調え、**3**にかける。

5章 こんなときにもフタの力

デパートやスーパーの惣菜コーナーって
ついついひき込まれてしまう魔力を感じませんか。
家で作るよりも少し高いけれど
そういう日があってもいいですよね。
でも、電子レンジでチンはもう卒業しましょうよ。
だってフライパンとフタを使って温めれば
惣菜が一段とおいしいごちそうに変身するのですから。
お餅やトーストは、ふんわりと香ばしく焼けます。
ちょっとおしゃれにパエリアや
小だいの炊きこみごはんも簡単にできます。
覚えておくと便利なフタ使いをご紹介します。

30分

ふんわり伊達巻き風

伊達巻きに使うのは、本来は魚介のすり身。
でも、ここで使っているのははんぺん。
そこで名づけて「伊達巻き風」

材料(作りやすい分量)
卵 ——— 2個
はんぺん — 1枚
砂糖 ——— 大さじ2
塩 ——— 小さじ1/2
しょうゆ — 小さじ1/2
酒 ——— 大さじ2

1 ボウルに手でちぎったはんぺん、塩、砂糖を入れる。泡立て器ではんぺんがつぶれるまでかき混ぜ、卵１個を加えて混ぜる。もう１個の卵を加えて混ぜ、しょうゆ、酒を加えてさらによく混ぜる。

2 フライパンにサラダ油（分量外）を薄く引き、**1**を流し入れ、アルミホイルでおおう。さらにフタをしてしっかりと密閉し、表面を指でさわっても生地がつかなくなるまで中火弱で３～４分蒸し焼きにする。

● アルミホイルとフタで二重に密閉。しっかりと蒸し焼きにします。

3 かぶせたアルミホイルを台にして取り出す。手前から半分くらいに３～４本の切れ目を浅く入れ、熱いうちに巻く。

4 アルミホイルの両端をひねり、形がつぶれないようにコップの中に立てて冷ます。

6分

うなぎのかば焼き

市販の身の締まったかば焼きも
フライパンで蒸し焼きにすれば、
ふっくらやわらかく変身します。

● くさみ抜きの酢とふっくら香りよくする酒を
上手に使いましょう。

材料（1枚分）

うなぎのかば焼き（市販品）――1枚
たれ――適量
酢――小さじ1
酒――大さじ1

1 フライパンに敷いたアルミホイルの上にうなぎのかば焼きをおき、たれ、酢、酒をふりかける。

2 フタをして中火弱で5分蒸し焼きにする。

6分

焼きとり

焼く直前にお酒をふって焼くのは、
焼きとり屋さんのかくしワザ。
焼き冷ましに応用してみました。

● フタの水滴がかからないように、
アルミホイルの縁を立てます。

材料
焼きとり（市販品）— 4本
酒 ——— 大さじ1

1 フライパンに敷いたアルミホイルの上に焼きとりをおき、酒をふりかける。

2 水滴が中に入らないようにアルミホイルの縁を高くし、フタをして中火で5分蒸し焼きにする。

5分

こんがり焼き餅

餅をプーッとふくらんだ状態に焼くのも
フライパンを使えば、いとも簡単！

● 強火では焦げるし、
弱火では香ばしく焼けません。
火力の加減を覚えましょう。

材料（作りやすい分量）
切り餅 ———— 4枚

1 餅はフライパンの上におき、フタをして中火弱で加熱する。途中で何度か返して両面をこんがり、ふっくらと焼く。

3分

こんがりチーズトースト

フライパンなら、チーズトーストが
手軽に素早く作れます。

● パンにのせたチーズは
余熱で溶かすようにします。

材料（作りやすい分量）
食パン ———— 1枚
とろけるチーズ — 適量

1 食パンはフライパンの上におき、中火で両面を焼く。

2 初めに焼いた面を再度下にしたら、チーズをのせて火を消し、フタをしてチーズを溶かす。

30分

カリカリ焼き餃子

まず蒸気でふっくらと火を通し、次に
油で焼いて底の皮をカリッとさせます。

1 餃子のあんを作る。豚ひき肉はボウルに入れ、塩、コショウ、ごま油を加えてねばり気が出るまで練り、しょうが、長ねぎ、白菜（塩をふって水分をしぼったもの）を加えて混ぜる。皮で包んで餃子を作る。

● 蒸すときに、水ではなく、沸騰した湯を使うと、皮が破けません。

材料（24個）

豚ひき肉	150g
白菜（みじん切り）	150g
しょうが（みじん切り）	1かけ
長ねぎ（みじん切り）	5cm
塩	小さじ1/2
コショウ	適量
ごま油	小さじ1
餃子の皮（市販品）	24枚

2 フライパンに1の餃子を並べ、熱湯を餃子の1/3くらいまで注ぎ、フタをして中火強で蒸し焼きにする。

3 フタをとって水分を飛ばしたら、ごま油をかけ回し、再度フタをして中火で1分ほど焼き、カリッとさせる。

30 分

ピラフ

洋風炊き込みごはんも
フライパンで調理するあなたの家の
レパートリーに加えてください。

● 炊き上がったら、すぐにフタを開けずに、「10 分蒸らすこと」を覚えてください。

材料(作りやすい分量)

米	2 カップ
玉ねぎ	1/2 個
にんじん	1/4 本
鶏もも肉	1/2 枚(150g)
マッシュルーム(水煮缶)	小 1 缶
水	480ml
ピーマン	1 個
塩	小さじ 1 強
コショウ	少々
バター	大さじ 1

1 中火でバターを溶かし、玉ねぎとにんじんを炒めたところに、鶏肉と洗った米を加えてさらに炒める。

2 マッシュルームを汁ごと加え、水、塩を入れてフタをする。中火強で沸騰させたら、弱火で 15 分炊く。

3 炊き上がったら、ピーマンを加えて 10 分蒸らし、全体を混ぜる。

30分

カレー風味のパエリア

フライパンで作るパエリアです。
具材をいろいろ替えて、オリジナルな
我が家のパエリアを作りましょう！

● パエリアは、お米を洗わずに
そのまま使ってかために作ります。

材料（作りやすい分量）

米	2カップ
玉ねぎ	1/2個
鶏手羽元	4本
殻つきえび	8尾
パプリカ	1個
いんげん（ゆでる）	8本
水	440ml
カレー粉	大さじ1
塩	小さじ1と1/2
ブラックオリーブ	8個
オリーブ油	大さじ1
レモン	1/2個

1 玉ねぎはフライパンに入れ、オリーブ油を加えて中火弱で炒め、鶏手羽元を加えて表面に焼き色をつける。水、カレー粉、塩を加え、中火強にする。

2 沸騰したら米をフライパン全体にちらすように入れ、フタをして加熱。沸騰してきたら弱火にし、10分ほど加熱する。

3 えび、パプリカを加え、弱火でさらに 5 分加熱する。火を止める直前に強火にして 30 秒加熱し、おこげを作る。

4 火を止め、そのまま 10 分蒸らしたら、ゆでたいんげん、オリーブを散らし、レモンをおく。

50分

小だいの炊きこみごはん

フライパンとフタを使えば、
家でもおいしいたいめしが炊けます。

● 魚を焼くひと手間が、
確実においしさに生かされます。

材料（作りやすい分量）

米 ―― 2カップ
小だい（内臓抜き）― 1尾
酒 ―― 大さじ2
塩 ―― 小さじ1と1/2
しょうゆ ―― 大さじ1
緑茶（抽出液）―― 480ml

1 米は洗ってざるにとって水をきる。小だいはウロコをとり、フライパンで両面をこんがりと焼いて取り出す。

2 1のフライパンに米を入れ、緑茶を注いで軽くかき混ぜる。小だいを上におき、フタをして中火強で加熱し、沸騰してきたら弱火にして 15 分炊く。火を止めてそのまま 10 分蒸らす。

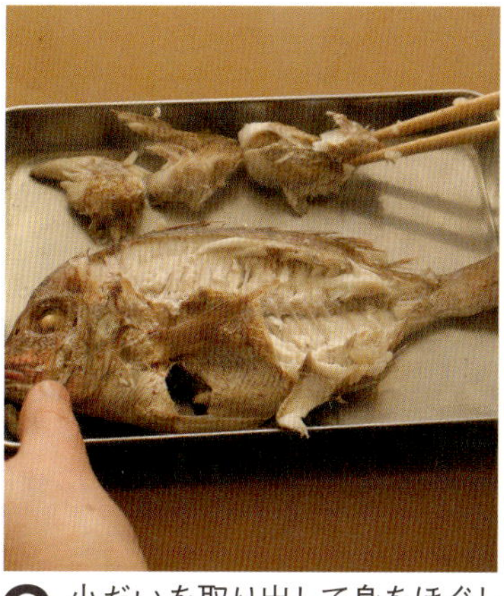

3 小だいを取り出して身をほぐし、フライパンに戻してごはんといっしょにやさしく混ぜる。

お わ り に

フライパンは鍋と違い、昔はフタをして加熱調理をするという使い方はしませんでした。フランス料理などでは、材料をフライパンごとオーブンに入れて加熱したりする方法が一般的だからです。しかし、最近ではフライパンにフタがつきもののようになっています。それだけ、フタをして調理するようになっているからだと思います。実際にフタをして調理してみると、フタのもつ便利さをよく実感できます。
「フタさえあれば」と強く説いている私の思いは、まさにそこにあります。

今回、フタの効用をわかりやすく理解していただくために、フライパンとフタの２つに調理器具を限定しました。鍋よりも、フライパンのほうが身近な存在だと思ったからです。

フタは、スーパーやデパートはもちろん、ネットでもたくさん出まわっていますので、お手持ちのフライパンに合ったフタをお求めください。

この２つがあれば、鬼に金棒。まずできない料理はありません。フタを用いなくても作れる揚げものを加えると、炒め、焼く、煮る、蒸すと５通りもの加熱法を駆使できるのですから。
しっかりと身につけていただければ、ほとんどの料理を網羅できることがよくおわかりいただけます。

本書と昨秋に上梓しました『蒸し器もせいろもいらない フタさえあれば！ 極上蒸しレシピ』を合わせてお読みいただくと、私がこの間提唱している「フタさえあれば」の調理法を、よりよくおわかりいただけるものと思います。

浜内千波

素 材 別 索 引

●魚介

●肉類・卵

●野菜・きのこ類・くだもの

●主食・乾物・加工品など

浜内千波　はまうち　ちなみ

プロフィール
徳島県生まれ。大阪成蹊女子短期大学栄養科を卒業後、会社員を経て松岡料理研究所に入所。1980年、「ファミリークッキングスクール」を東京・中野坂上に開校。2005年、東中野にキッチンスタジオを開設。06年、キッチングッズ「Chinami」のブランドを立ち上げる。健康を第一に考えた料理を軸にしたライフスタイルを提案し、幅広い女性層から支持される。TV、雑誌、書籍、講演などで活躍。また、食品メーカーなどの商品開発も多数手がける。
『時短！ 簡単！ 圧力鍋レシピ』（扶桑社）、『浜内千波の21時からの遅ごはん』（保健同人社）、『1日6食ダイエット』（マガジンハウス）、『浜内千波の子どもがよろこぶ野菜レシピ』（金の星社）、『フタさえあれば！ 極上蒸しレシピ』（日本文芸社）など多数の著書がある。

浜内千波のホームページ
http://www.fcs-g.co.jp/

ファミリークッキングスクール
田村つぼみ／昆まどか／渡邊エリカ

アートディレクション・デザイン
桐林周布（アゾーンアンドアソシエイツ）

撮影
矢野宗利

文・編集
藤生久夫

フタさえあれば！ すごくおいしい フライパンで簡単《かんたん》蒸《む》し料理《りょうり》

著　者　浜内《はまうち》千《ち》波《なみ》
発行者　友田　満
印刷所　図書印刷株式会社
製本所　図書印刷株式会社
発行所　株式会社 日本文芸社
〒101-8407　東京都千代田区神田神保町1-7
TEL 03-3294-8931（営業）03-3294-8920（編集）
振替口座　00180-1-73081

Printed in Japan　112100401-112100401 Ⓝ 01
ISBN978-4-537-20804-7
URL http://www.nihonbungeisha.co.jp/

編集担当　吉村